Artistes | numéro 29

MASACCIO, L'INCOMPRIS

Le plus grand peintre de la première Renaissance

par Céline Muller

50MINUTES

Avec la collaboration d'Elisabeth Bruyns

MASACCIO

- **Nom ?** Tommaso di Giovanni Cassai ou Tommaso di Ser Giovanni di Mone Cassai, dit Masaccio.
- **Naissance ?** Né le 21 décembre 1401 à San Giovanni Altura, en Toscane.
- **Mort ?** Décédé vers 1428 à Rome.
- **Contexte ?** Masaccio participe au renouveau artistique à Florence durant le *quattrocento*. Il est l'un des premiers peintres italiens à produire des œuvres réalistes, cherchant à faire de son art un prolongement du monde visible grâce à l'application des règles de la perspective.
- **Œuvres majeures ?**
  - *Vierge à l'Enfant avec sainte Anne*, dite *Sant'Anna Metterza* (1424-1425)
  - *Desco da parto* ou *Tondo de Berlin* (1424-1425)
  - Les fresques de la chapelle Brancacci dans l'église Santa Maria del Carmine de Florence (1424-1425)
  - *Le Trône de grâce* ou *La Trinité* (1425-1428)
  - *Polyptyque de Pise* (1426)
  - *Madonna del solletico* (1426)

Masaccio appartient à la toute première génération d'artistes du *quattrocento*. S'il s'inscrit dans la lignée des recherches initiées, au siècle précédent, par Giotto (vers 1266-1337), ses innovations concernant la représentation spatiale et le naturalisme de la figuration sont sans précédent. Cependant, ce ne sont pas les seuls domaines dans lesquels le peintre se révèle être un précurseur : la lumière et l'ombre ont également une importance inédite dans ses œuvres.

L'une des nouveautés marquantes du xvᵉ siècle est la place grandissante de la science dans l'art. En effet, la nature et le corps humain, que l'art antique a si bien représentés, deviennent l'objet d'études scientifiques poussées qui inspirent les artistes. Ceux-ci entendent dorénavant reproduire le monde tel que l'œil le perçoit, et non plus représenter des figures archétypales. Les œuvres de Masaccio témoignent particulièrement bien de cette nouvelle ambition artistique. Ce dernier, s'appuyant sur les traités mathématiques édités dans la première partie du xvᵉ siècle, invente la composition à perspective linéaire, basée sur des lignes de fuite, et suggère la profondeur en procédant au rapetissement progressif des objets en fonction de leur éloignement : il s'agit de la technique du raccourci pictural. Aussi, en plaçant ses figures sur différents plans, parvient-il à donner l'illusion de l'espace réel et tridimensionnel.

Le peintre passe l'essentiel de sa brève carrière dans la ville de Florence, où il jouit d'un contexte privilégié et profite d'une émulation artistique sans précédent. Même si l'homme est, de son vivant, peu apprécié par ses pairs, son travail de peintre, et notamment les fresques de la chapelle Brancacci dans l'église Santa Maria del Carmine de Florence (1424-1425), influencera profondément plusieurs générations d'artistes.

CONTEXTE

LA PREMIÈRE RENAISSANCE, ENTRE ARTS ET SCIENCES

Si l'Italie a toujours eu un rôle prépondérant dans l'évolution des arts, de la fin du XIIIe siècle au XVIe siècle, elle domine véritablement la scène artistique internationale. En effet, c'est en son sein, et plus particulièrement en Toscane et en Ombrie, que s'amorcent les prémices de la Renaissance, dès le début du XIVe siècle.

En histoire de l'art, le *quattrocento* (XVe siècle) est traditionnellement considéré comme le siècle de la première Renaissance, qui annonce la période historique de la Renaissance en Europe, ou seconde Renaissance, au *cinquecento* (XVIe siècle). Ce mouvement de renouveau culturel et artistique se caractérise par un retour à l'Antiquité, à travers la redécouverte de la littérature et des arts gréco-romains, et par l'émergence d'une nouvelle conception du monde liée aux grandes découvertes et à l'apparition de l'humanisme – un courant intellectuel qui place l'homme au centre de ses préoccupations. C'est également de cette époque que date l'invention de l'imprimerie – par Gutenberg (1397/1400-1468), vers 1450 –, qui permet la diffusion des connaissances à grande échelle.

Sur le plan artistique, on assiste au mariage, inédit jusque-là, des sciences et des arts. Les concepts géométriques et mathématiques nouvellement étudiés se voient appliqués à la peinture, à la sculpture et à l'architecture, donnant lieu à un nouveau regard sur les structures, les formes, les volumes et les proportions. Ainsi, *La Sainte Trinité* de l'église Santa Maria Novella, peinte par Masaccio, compte parmi les premières œuvres dont la conception repose sur les règles de la perspective élaborées par Filippo Brunelleschi (1377-1446) dès 1415. D'autres théoriciens développeront par la suite l'idée de perspective mathématique dans des ouvrages spécialement dédiés à la peinture. L'œuvre la plus connue à cet égard, et certainement la plus aboutie, est le traité *De pictura* de Leon Battista Alberti (1404-1472), publié en 1435.

DE L'ARTISAN AU GÉNIE

À partir de la Renaissance, les artistes, auparavant considérés comme de simples artisans, sont peu à peu reconnus et considérés comme des génies créateurs dont l'art se rapproche de celui de Dieu. Leur statut évolue alors considérablement.

La majorité des œuvres de la Renaissance sont réalisées sur commande. Il s'agit le plus souvent de vastes programmes iconographiques commandés par l'Église pour telle ou telle chapelle, de modestes tableaux à thèmes religieux ou profanes, de projets de décoration pour les princes ou les villes ou encore de retables confectionnés à la gloire de riches donateurs. Que ce soit par les moyens financiers qu'il met à contribution ou la place qu'il destine à l'œuvre, le mécène influence dans tous les cas le projet de l'artiste. La liberté artistique est donc un concept tout à fait relatif à l'époque : un contrat est signé par les deux parties, ce qui oblige l'artiste à respecter à la lettre les directives du commanditaire. L'œuvre d'art fait donc avant tout l'objet d'une transaction commerciale.

De plus, la peinture doit satisfaire à certaines exigences précises, conformes aux prescriptions ecclésiastiques en vigueur concernant les images : celles-ci ont pour but d'instruire, d'éveiller un senti-ment de dévotion chez ceux qui les contemplent et de marquer les mémoires grâce à l'habileté de l'artiste. Au *quattrocento*, le travail du peintre consiste donc essentiellement à reproduire les épisodes de l'histoire sainte, même s'il existe également des exemples d'art profane. Par ailleurs, la dimension laïque n'est pas totalement exclue des commandes d'œuvres religieuses. En effet, beaucoup d'églises, oratoires et chapelles sont élevés à la demande de donateurs laïcs. Ainsi, la chapelle Brancacci, dont Masaccio exécute les fresques à Florence, est réalisée pour un riche marchand.

LE *QUATTROCENTO*, UN SIÈCLE DE RIVALITÉS

Au *quattrocento*, l'Italie se compose encore d'une multitude de cités-États plus ou moins rivales, tant sur le plan politique et économique que culturel. Les cités les plus puissantes vont jusqu'à annexer leurs voisines plus faibles. À Milan, par exemple, vers 1450, les clés de la ville passent des mains de la famille Visconti à celle des Sforza, qui s'emparent en outre de Pavie et de Parme. Mais c'est du point de vue culturel que la rivalité entre les différentes cités-États est la plus prégnante : toutes s'engagent dans une véritable course au prestige qui passe par la promotion des arts. Ainsi, après l'Église, les cités-États deviennent les plus grands pourvoyeurs de commandes. Elles abritent dorénavant des corporations de métiers cherchant avant tout à exalter leur richesse et leur pouvoir à travers la grandeur de leurs constructions ou la beauté de leurs productions. Des architectes sont notamment chargés d'améliorer et d'embellir l'espace urbain : on construit des palais et des cathédrales, mais également des monuments à destination des citoyens comme, par exemple, des fontaines publiques.

Parmi les différentes cités-États, la ville de Florence est le théâtre d'une évolution artistique sans précédent sous l'influence des Médicis, une richissime famille de banquiers. Les Albizzi dirigent le parti aristocratique de la ville durant les XIVe et XVe siècles, puis, suite à une révolution en 1378, ils perdent leur influence au profit des Médicis, qui prennent définitivement la tête de Florence en 1434. À la différence de leurs prédécesseurs, ceux-ci occupent rarement des postes officiels, mais sont incontestablement reconnus et appréciés comme dirigeants de la ville. Cosme de Médicis (1389-1464) est particulièrement populaire parmi les citoyens, notamment grâce à ses négociations de paix avec les Sforza de Milan, mais aussi en tant que mécène prodigue. Il est à la fois le protecteur d'artistes majeurs tels que Paolo Uccello (1397-1475) ou Fra Angelico (vers 1400-1455) et l'initiateur de projets architecturaux de génie comme la coupole de la cathédrale Santa Maria del Fiore de Florence (1420-1436). L'ère des Médicis est donc synonyme de paix, de stabilité et d'émulation artistique, au point que la cité florentine apparaît, au XVe siècle, comme le plus grand centre culturel de la péninsule italienne.

BIOGRAPHIE

UNE ENFANCE DOULOUREUSE

La vie de Masaccio, né le 21 décembre 1401, est marquée par le chagrin. Son enfance difficile laisse en effet une empreinte indélébile sur sa personnalité et sur son œuvre. Masaccio n'a que cinq ans lorsqu'il perd son père, un ancien artisan devenu notaire, en 1406. Sa mère se remarie alors avec un riche marchand d'épices qui les met, lui et son frère Giovanni, né en 1406, à l'abri du besoin. Pour faciliter les affaires de leur beau-père, la famille s'installe à Florence en 1417.

Les deux frères entrent par la suite dans l'atelier de Bicci di Lorenzo (1373-1452), grand maître du gothique international, où ils découvrent les œuvres de Brunelleschi et de Donatello. Si Giovanni s'adapte bien à la rigueur de l'atelier – il deviendra un peintre et un menuisier reconnu sous le pseudonyme de Lo Scheggia, « l'écharde » –, Tommaso reçoit vite le surnom de « Masaccio » (« idiot ») à cause de son tempérament distrait et fantaisiste. Il parvient tout de même à obtenir le titre officiel de peintre en 1419 et à intégrer, en 1422, l'Arte dei Medici e Speziali, la corporation des arts et métiers de la ville de Florence.

LE GOTHIQUE INTERNATIONAL

Le gothique international est une phase tardive de l'art gothique qui se développe entre la fin du XIVᵉ siècle et le début du XVᵉ siècle en Flandre, en Bourgogne, en Bohême et dans le Nord de l'Italie, avant de gagner par la suite l'ensemble de l'Europe occidentale et centrale. Il se caractérise notamment par l'idéalisation des personnages – représentés sous la forme d'archétypes – et leur plus grande diversité. En effet, à côté de riches personnages profanes (souvent les commanditaires), on commence à apercevoir des figures plus humbles. On retrouve aussi une attention marquée pour les détails, même si l'espace et les décors restent figés et conventionnels.

UNE BRÈVE CARRIÈRE À FLORENCE

En 1422, libéré des contraintes matérielles et soutenu par sa guilde, Masaccio entame sa carrière de peintre. Il effectue plusieurs retables et tableaux pour diverses églises, dont le triptyque de l'église San Giovenale à Cascia, la première œuvre correctement datée et attribuée à l'artiste.

En 1424-1425, suite à la commande de Felice di Michele Brancacci, un riche commerçant et diplomate italien, l'artiste réalise les fresques de la chapelle de Santa Maria del Carmine de Florence. Il arrive au beau milieu des travaux déjà commencés depuis 1424 par Masolino (1383-1440). En réalité, trois artistes participent au chantier : Masaccio, Masolino et, plus tard, Filippino Lippi (1457-1504). Si les créations de ce dernier sont faciles à discerner, différencier les œuvres de Masaccio et de Masolino s'avère plus complexe. Ce sont souvent le réalisme si particulier dont il fait preuve et sa conception novatrice de l'espace qui permettent d'identifier les œuvres de Masaccio.

En 1426, le peintre réalise des fresques pour embellir le cloître de Santa Maria del Carmine à Florence. Malheureusement, l'œuvre a disparu et il ne reste que des dessins préparatoires ou des copies. La même année, il crée le célèbre *Polyptyque de Pise* pour l'église du Carmel de Pise. Véritable tournant dans l'histoire de la peinture, cette œuvre présente des raccourcis picturaux propres à donner des effets de perspective révolutionnaire pour l'époque. De même, le soin apporté au réalisme des scènes et des personnages est tout à fait inhabituel pour cette période.

UNE ÉTROITE COLLABORATION

À cause de l'âge de Masolino, beaucoup plus vieux que Masaccio, on a longtemps cru que ce dernier avait été son apprenti. Cependant, ce serait oublier que Masolino n'est entré à la guilde de l'Arte qu'un an après Masaccio. Comme il était impossible de prendre un élève avant même d'y être inscrit, cette théorie semble donc définitivement rejetée. Il est en tout cas certain qu'ils travaillent ensemble à de nombreux ouvrages à partir des années 1420 et que leurs carrières s'entremêlent à un point tel qu'il est parfois difficile de différencier leurs œuvres.

Leur première réalisation commune est une peinture sur bois, *La Vierge à l'Enfant avec sainte Anne*, probablement exécutée entre 1424 et 1425. Les spécialistes pensent que la Vierge, l'Enfant et deux des cinq anges sont l'œuvre de Masaccio, alors que sainte Anne et les trois autres anges seraient de la main de Masolino. Dans la chapelle Brancacci, ils peignent même ensemble, se partageant les scènes. Leur travail reste inachevé jusqu'à ce que Filippo Lippi prenne le relais de 1481 à 1482. Détail amusant, sous le règne de Cosme III de Médicis (1642-1723), vers 1674, *Adam et Ève*, les personnages centraux de ces fresques, sont habillés de feuilles. Il faut attendre la restauration de 1980 pour redécouvrir la première version de l'œuvre, où ils sont tous deux nus.

C'est également accompagné de Masolino da Panicale que Masaccio meurt prématurément, à l'âge de 27 ans, en 1428. Son décès a lieu dans des circonstances mystérieuses, alors qu'il est en voyage à Rome afin de réaliser un polyptyque pour l'église Santa Maria Maggiore. Il est enterré dans l'église del Carmine de Florence. Cependant, comme il est assez peu apprécié de ses concitoyens, son tombeau est anonyme. Son propre frère refuse d'ailleurs son héritage et ouvre son atelier dans le quartier de Sant'Apollinare à Florence, sans jamais faire mention de sa parenté. Dans ses *Vies des plus excellents peintres, sculpteurs et architectes*, Giorgio Vasari (1511-1574), considéré comme le pionnier de l'histoire de l'art, le décrit comme un artiste passionné par son art, mais relativement négligent et peu fiable. Masaccio meurt donc incompris de ses contemporains.

CARACTÉRISTIQUES

L'INTÉGRATION DE LA PERSPECTIVE

Masaccio, considéré comme le plus grand peintre de la première Renaissance, est un artiste novateur. Il est en effet l'un des premiers à intégrer dans ses œuvres les notions de vérité optique, de perspective et de volume.

Jusqu'alors, la représentation de l'espace et du corps était déterminée de manière empirique, à force d'essais et d'expériences menés par chaque peintre. Par conséquent, chacun avait une façon de représenter le monde qui lui était propre. Cependant, à partir de 1415, on commence à étudier plus systématiquement les règles régissant les espaces et les corps – la perspective et les proportions – pour en dégager des lois universelles. De nombreux traités voient alors le jour, fournissant aux artistes des outils théoriques pour les guider dans leur pratique.

En appliquant à ses œuvres les nouveaux principes de la perspective artificielle, dite aussi mathématique, Masaccio jette les bases de la révolution artistique qui caractérise la première Renaissance. Plus précisément, il propose une illusion tridimensionnelle reposant sur la position théorique du spectateur dans l'espace réel. Des lignes venant du plafond et du sol et aboutissant à un point de fuite central rythment ses compositions, créant un espace pictural unifié. La fresque, peinte en deux dimensions, donne alors au spectateur l'impression de regarder à l'intérieur d'un espace en trois dimensions.

L'INTÉGRATION DE LA PERSPECTIVE

UNE NOUVELLE SOURCE LUMINEUSE

Masaccio étudie également la lumière d'un point de vue plus scientifique. L'innovation majeure du peintre dans ce domaine consiste à déterminer la source dont provient la lumière à l'intérieur même du tableau, afin de créer un réel modelé des corps représentés. Cet effet est complété par un contraste avec les ombres projetées qui règlent quant à elles la profondeur du relief enveloppant les corps. Les figures ainsi mises en évidence grâce à l'utilisation judicieuse de l'ombre et de la lumière semblent presque sculptées et les visages gagnent en expressivité. Il faut savoir que l'influence de la sculpture est primordiale dans l'œuvre de Masaccio.

LA MISE EN VALEUR DU CORPS HUMAIN

Mais le peintre italien ne s'arrête pas là. Avec le développement de l'humanisme, les artistes se découvrent un intérêt nouveau pour l'anatomie et la représentation des corps. La redécouverte de l'Antiquité classique, et particulièrement de la sculpture grecque et romaine, a pour conséquence de réintégrer le nu dans les peintures de la Renaissance. Ces représentations, totalement prohibées durant tout le Moyen Âge, deviennent alors prétextes à des études de proportions anatomiques très précises. Dans les œuvres de Masaccio, bien que rien ne prouve que lui-même se soit adonné à des études anatomiques, les corps sont représentés avec un réalisme inédit pour l'époque.

En outre, les personnages représentés s'animent peu à peu et, surtout, s'émeuvent de façon inédite. Dans ses ouvrages, Daniel Arasse, (1944-2003), grand spécialiste de la Renaissance et de l'art italien, parle de la peinture de Masaccio en ces termes : « Le monde s'ouvre à l'action des hommes. » (ARASSE (Daniel), *Histoires de peintures*, Paris, France-Culture, 2004) En effet, l'artiste s'éloigne des attitudes raides et conventionnelles peintes par ses contemporains et ses prédécesseurs pour adopter un panel d'attitudes et d'expressions beaucoup plus étoffé. Ses œuvres gagnent ainsi en réalisme.

LE SUCCÈS DE LA SCULPTURE

Dans leur volonté de retour à l'inspiration antique, les hommes de la Renaissance se sont d'abord naturellement tournés vers la sculpture. Et pour cause : de nombreux exemples de la statuaire grecque et romaine étaient encore visibles à travers toute l'Italie, notamment à Rome. En outre, suite à l'importance nouvelle de l'homme, les artistes entendent restituer le plus fidèlement possible la structure et le volume du corps humain. Or la sculpture permet de le faire d'une manière bien plus intuitive.

DESCO DA PARTO OU *TONDO DE BERLIN*

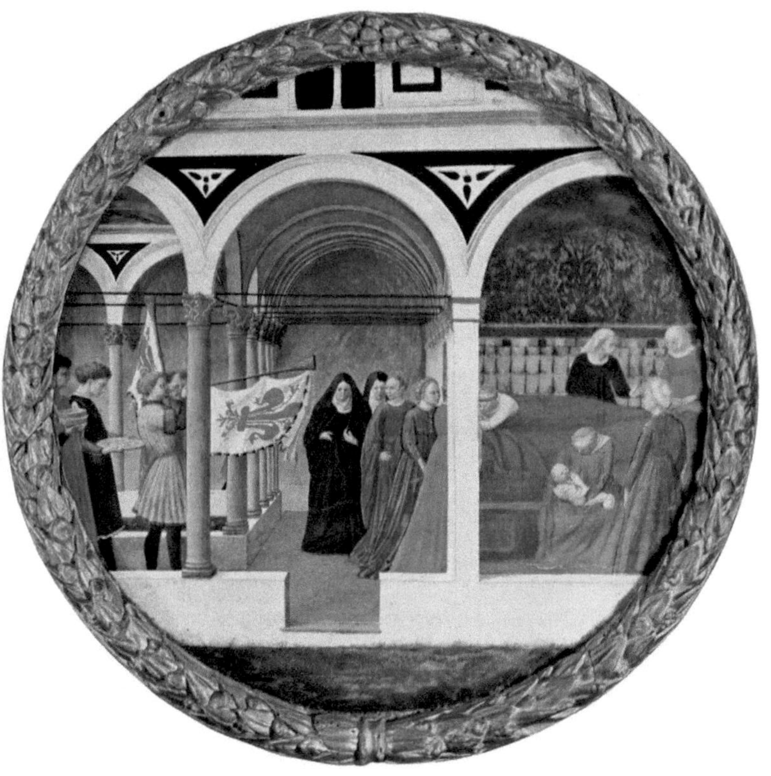

Desco da parto ou *Tondo de Berlin*, 1424-1425, tempera sur bois, 56 cm de diamètre, Berlin, Gemäldegalerie.

Un *desco da parto* ou, littéralement, « plateau d'accouchée », est un plateau qui sert à apporter des boissons à l'accouchée pour laquelle il est réalisé. Durant la Renaissance italienne, il fait partie d'un ensemble de cadeaux offerts lors de la naissance du premier enfant dans les familles aisées. Ce plateau est peint sur sa face et son revers, et en *tondo*, c'est-à-dire sur un support de format rond. Généralement, on fait appel aux plus grands peintres afin de faire honneur aux commanditaires.

Ce premier exemple de la peinture de Masaccio rend déjà compte du changement qui s'opère dans la représentation de l'espace au XVᵉ siècle. Premièrement, pour la scène de la Nativité de la Vierge, sur le recto de l'œuvre, le peintre s'inspire d'une architecture existante : il s'agit d'une variante mondaine et bichrome d'une réalisation de Brunelleschi. Par ailleurs, l'utilisation de marbre noir et blanc est typique des monuments florentins. Ensuite, on n'a pas affaire à un décor plat ébauché en quelques traits pour contextualiser le sujet, mais à une architecture élaborée et en relief. Le plateau invite le spectateur à entrer dans l'édifice peint pour voir ce qu'il cache. En cela, le peintre respecte tout à fait les principes de la perspective. Enfin, en ce qui concerne les corps, les personnages sont mis en scène dans différentes attitudes qui préfigurent déjà l'expressivité à venir dans les œuvres de Masaccio.

L'interprétation du verso du *tondo*, qui représente un *putto* (enfant nu et potelé constituant un motif iconographique très populaire dans le répertoire renaissant) accompagné d'un chien, fait aujourd'hui encore l'objet de nombreuses interrogations. Comme l'envers de ce type d'œuvre est souvent le lieu d'une image de portée symbolique, celle-ci est probablement en lien avec la famille commanditaire de cette œuvre.

LE TRÔNE DE GRÂCE OU *LA TRINITÉ*

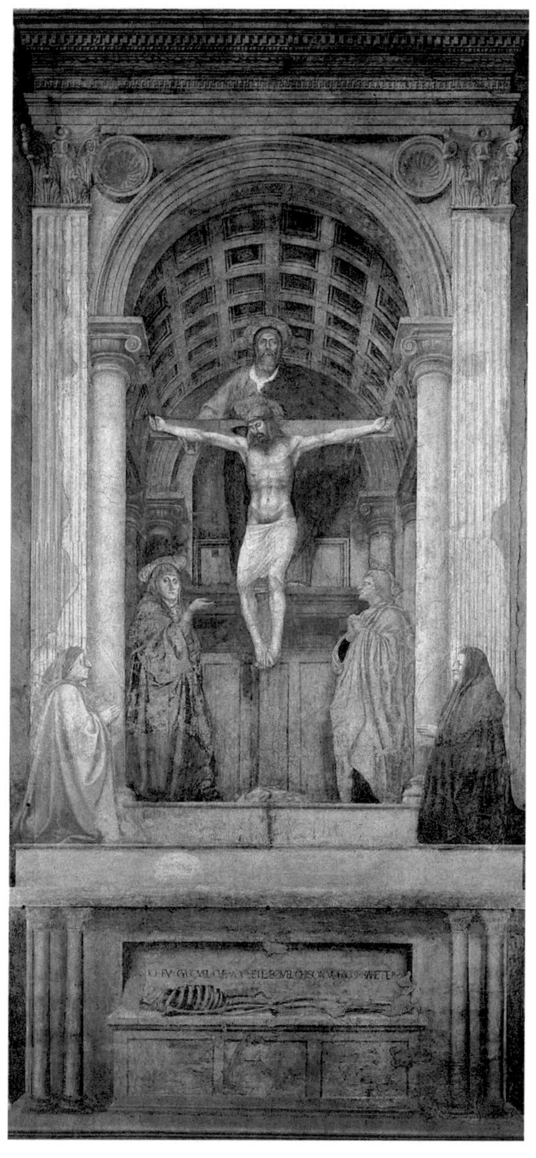

Le Trône de grâce ou *La Trinité*, vers 1425-1428, fresque, 667 x 317 cm, Florence, Santa Maria Novella.

La date de conception de cette fresque est encore largement débat-
tue. Certains, dont Alessandro Parronchi, situent sa création en 1425,
au début du travail du peintre dans la chapelle Brancacci. D'autres,
comme Luciano Berti, estiment qu'elle a été composée vers 1427 ou
1428, c'est-à-dire juste avant le départ de l'artiste pour Rome. Enfin,
d'autres encore préfèrent trancher entre les deux hypothèses et pro-
posent la date intermédiaire de 1426. Ces incertitudes témoignent
en tous cas de la difficulté à dater les œuvres de Masaccio.

Cette *Trinité* a été élaborée pour l'église Santa Maria Novella de
Florence. L'identité de son commanditaire est toutefois inconnue.
Le thème iconographique, représentant le trône de grâce, est plutôt
classique : la trinité est représentée de façon verticale, flanquée des
habituels intercesseurs et donateurs. Le tout est placé au-dessus
du tombeau d'Adam pour faire le lien entre le divin et le mortel.
Le traitement du sujet, en revanche, n'a rien de traditionnel.

Le rendu extraordinaire de la voûte, peinte en véritable trompe-l'œil
dans la structure architectonique du décor, marque durablement
l'histoire de la peinture occidentale. Vasari lui-même ne peut s'empê-
cher de commenter cette prouesse : « C'est une voûte en berceau
tracée en perspective, et divisée en caissons ornés de rosaces qui
vont en diminuant, de sorte qu'on dirait que la voûte s'enfonce
dans le mur. » (VASARI (Giorgio), *Les Vies des meilleurs peintres,
sculpteurs et architectes*, seconde édition, 1568) En outre, le choix
des colonnes et des chapiteaux rappelle la structure de la chapelle
Barbadori dans l'église Santa Felicita de Florence, chapelle réalisée
par Brunelleschi. Il est fort probable, étant donné l'exactitude des
détails architecturaux, que Masaccio s'en soit directement inspiré.
Face à la précision du dessin, certains historiens de l'art ont même
suggéré que Brunelleschi, en sa qualité de théoricien de la peinture,
aurait lui-même tiré les lignes de fuite servant à la composition de
cette scène.

Quant au traitement des personnages, Masaccio réalise ici une véritable synthèse des principes humanistes : tous les personnages ont la même taille, ce qui suppose qu'ils ont la même importance symbolique. L'homme est ainsi placé au centre des préoccupations et devient un sujet aussi digne d'être peint que les modèles divins.

- 21 -

UNE ŒUVRE LONGTEMPS OCCULTÉE

Peu après sa création, la fresque est remplacée et recouverte par une grande toile de Vasari : *La Vierge au rosaire*. Il faudra attendre 1861 pour redécouvrir l'œuvre de Masaccio. Elle est alors retirée de son emplacement originel et fixée au mur intérieur de la façade. En 1952, elle regagne sa place initiale au-dessus de la représentation du sarcophage d'Adam, qui était quant à elle restée en place.

ADAM ET ÈVE CHASSÉS DU PARADIS

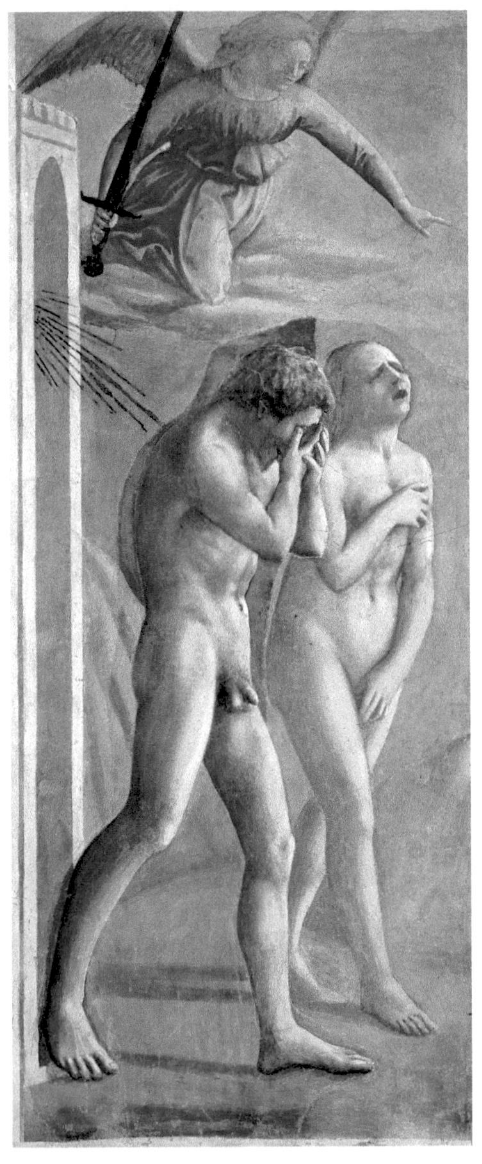

Adam et Ève chassés du Paradis, 1424-1425, fresque, 208 x 88 cm, Florence, Santa Maria del Carmine, chapelle Brancacci.

La chapelle Brancacci se situe dans le bras droit du transept de l'église de Santa Maria del Carmine à Florence. La famille Brancacci en devient la propriétaire de la deuxième moitié du XIVe siècle jusqu'en 1780. Les deux premières fresques – *Le Péché originel* et *Adam et Ève chassés du paradis* – mises à part, le décor est composé de scènes de la vie de saint Pierre dont seules les suivantes sont attribuées avec plus ou moins de certitudes à Masaccio : *La Vocation de saint Pierre*, *Le Paiement de l'impôt*, *Le Baptême des néophytes*, *Saint Pierre guérissant un infirme avec son ombre*, *La Distribution de l'aumône et mort d'Ananias* ainsi que *Le Levage du Fils de Theophilus* et *Saint Pierre intronisé*, poursuivie, celle-ci, par Filippino Lippi (1457-1504), le fils de Lippi.

Cette scène a souvent été mise en relation avec la fresque qui lui fait face sur le mur opposé : *La Tentation*, peinte par Masolino. C'est en la comparant au style de ce dernier, encore très inspiré par le gothique international, qu'on se rend le mieux compte des innovations de Masaccio. En effet, le rendu réaliste des traits des personnages, leur expressivité et leur profondeur psychologique contrastent fortement avec le style lisse et neutre du gothique tardif.

Le réalisme est également visible dans le modelé des corps. Chaque détail est finement représenté et rehaussé par l'utilisation subtile de la lumière pour un résultat plus proche de la réalité. En outre, le personnage d'Ève s'inspire de la *Venus pudica*, un thème récurrent de la sculpture gréco-romaine représentant Vénus en train de cacher sa nudité. La référence antique, caractéristique essentielle de la Renaissance, est reprise par Masaccio et adaptée au sujet de son tableau. En effet, si le peintre utilise la posture des statues grecques, Ève semble cependant porter le poids du monde sur ses épaules, ce qui l'intègre parfaitement au sujet de la composition.

VIERGE À L'ENFANT

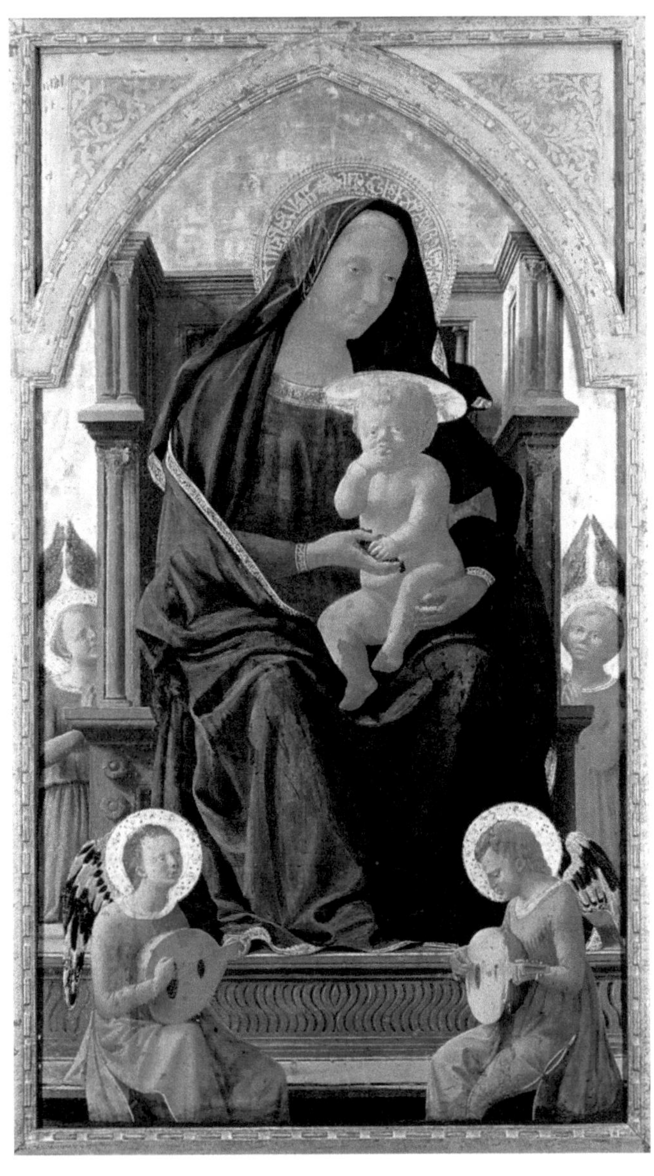

Vierge à l'Enfant, panneau central du Polyptyque de Pise, 1426, tempera sur bois, 136 × 73 cm, Londres, National Gallery.

La *Vierge à l'Enfant* constitue le panneau central du *Polyptyque de Pise*. Grâce à la précision des comptes du commanditaire de cette œuvre, il s'agit d'une des seules œuvres de Masaccio qu'on a pu dater avec précision. La commande est passée le 19 février 1426 pour le compte de Giuliano di Colino degli Scarsi da San Giusto, un notaire, afin de décorer la chapelle de sa famille, construite en 1425 dans l'église du Carmel de Pise. Toujours selon les mêmes sources, on sait que le dernier paiement effectué pour le polyptyque (œuvre en bois comprenant plusieurs panneaux) est ordonné le 26 décembre 1426, ce qui suppose que l'œuvre ait été terminée à cette époque. On sait même que la confection de ce tableau aurait coûté pas moins de 80 florins.

On peut considérer le *Polyptyque de Pise* comme une synthèse de toutes les innovations de l'artiste. Que ce soit dans l'expressivité des physionomies recueillies des différents personnages représentés, dans l'utilisation de la lumière, qui accentue le modelé du corps de l'enfant Jésus, ou encore dans l'emploi des lignes de fuite, qui enfoncent le trône de la Vierge dans un espace à l'apparence réelle, la rupture avec le gothique est ici totale. Aussi, une fois de plus, est-ce grâce aux contrastes entre ombre et lumière que se crée le modelé du visage de la Vierge. Masaccio essaye ainsi de rendre la complexité de la figure humaine.

Malheureusement, nous ne savons pas quelle était l'apparence d'ensemble du *Polyptyque de Pise*. En effet, les différents panneaux ont été séparés et éparpillés aux quatre coins de l'Europe et de l'Amérique – certains ont même été perdus. Les fragments qui ont été retrouvés sont maintenant partagés entre la National Gallery de Londres, le musée Capodimente de Naples, le musée national San Matteo de Pise, les Staatliche Museen de Berlin ou encore le Getty Center de Los Angeles. Entre 1932 et 1967, différents historiens de l'art ont émis des hypothèses sur l'agencement probable des diverses parties du polyptyque. Sur la base de ce travail, la National Gallery de Londres, qui possède le panneau central, a reconstitué l'allure générale du polyptyque à l'occasion du six centième anniversaire de la naissance de Masaccio, en 2001.

MASACCIO, UNE SOURCE D'INSPIRATION

L'influence de Masaccio est flagrante dans l'œuvre de Masolino, surtout à la chapelle Brancacci, où les deux artistes travaillent en étroite collaboration. Cependant, s'il s'inspire beaucoup du maître, Masolino reste très attaché au gothique international de par sa formation chez Bicci di Lorenzo (1373-1452). En effet, si l'on compare *Le Péché originel* (1424-1425) de Masolino à *Adam et Ève chassés du paradis* de Masaccio, dont il est le pendant, on peut observer quelques différences de style. D'une part, l'artiste a représenté les corps de manière élégante et légèrement étirée, à la manière du gothique international. Ainsi, contrairement à son mentor, il s'intéresse moins à la représentation du réel qu'à l'harmonie conventionnelle de l'ensemble. D'autre part, les visages apparaissent comme figés, bien loin de l'expressionnisme de Masaccio. Malgré tout, que ce soit dans les modelés des corps, dans l'utilisation de l'ombre et la lumière pour créer un espace en perspective ou encore dans l'animation des personnages, l'influence de Masaccio est perceptible dans l'ensemble de l'œuvre. Masolino aura en outre un rôle prédominant dans la diffusion du style de Masaccio en dehors de Florence, n'hésitant pas à promouvoir son art lors de ses nombreux séjours en province.

L'influence de Masaccio se fait sentir chez de nombreux artistes des XVe et XVIe siècles, surtout grâce à son travail dans la chapelle Brancacci. Les peintres qui viennent la visiter empruntent à l'artiste l'organisation de ses figures dans l'espace et, comme lui, font varier les proportions selon l'éloignement, créant ainsi un effet de relief et de profondeur. Le modelé, travaillé grâce à l'ombre et à la lumière, inspire également ses contemporains, inaugurant une nouvelle ère d'œuvres plus plastiques et plus expressives. En cela, Masaccio s'inspire davantage de la sculpture que de la peinture, comme ce sera également le cas d'un de ses illustres successeurs, Michel-Ange (1475-1564), séduit par l'aspect sculptural et réaliste des corps de Masaccio. De plus, avec Masaccio, les peintures quittent leur aspect conventionnel pour acquérir une véritable tension dramatique comparable à celle que l'on retrouve dans les sculptures de Donatello, par exemple. Ceci prouve à quel point sculpture et peinture sont liées dans l'art de la Renaissance.

Enfin, l'influence de Masaccio se cristallise surtout dans les constructions architectoniques de plus en plus travaillées qui servent de décors aux scènes religieuses. On oublie peu à peu les fonds d'or et les fonds bleus pour créer des espaces architecturaux de plus en plus complexes en s'appuyant sur les lois de la perspective.

Dans son *Tondo Bartolini* (1452-1453), Filippo Lippi, le successeur de Masaccio et de Masolino à la chapelle Brancacci, reprend la forme ronde et le motif de la visite des femmes à sainte Anne en couches développé sur le *Desco da parto* de Masaccio. On peut en outre voir à quel point les fresques de la chapelle Brancacci influencent son œuvre : jeu de lumière dans le dessin des modelés, expressivité des personnages (surtout dans le contraste entre la Vierge et l'Enfant Jésus), élaboration mathématique de la perspective, ajustement des proportions en fonction du positionnement des personnages, etc. Cependant, il faut reconnaître à Lippi une originalité majeure, à savoir une palette chromatique bien plus étoffée que celle de son maître, mise au service des détails réalistes de l'œuvre et de l'élégance de l'ensemble.

EN RÉSUMÉ

- Masaccio, né en 1401, est considéré comme le principal rénovateur de la peinture de la Renaissance à Florence, où il profite d'une émulation artistique unique sous l'influence des Médicis.
- Ses tableaux sont construits dans le but de servir de prolongement au monde visible. En se basant sur les règles de la perspective théorisées par les grands intellectuels de l'époque (Brunelleschi ou Alberti, notamment), il crée un espace illusionniste en trois dimensions reposant sur la position supposée du spectateur qui regarde le tableau. Des lignes, venant du plafond et du sol et aboutissant à un point de fuite central, rythment ses compositions et créent ainsi un espace pictural unifié.
- Mais il ne s'agit pas là de sa seule innovation. La lumière est également étudiée d'un point de vue plus scientifique : le peintre détermine la source lumineuse à l'intérieur même du tableau afin de créer un véritable modelé des corps représentés.
- Aussi le réalisme est-il une notion importante dans la peinture de Masaccio, que ce soit dans la représentation spatiale ou dans celle du corps humain. Ses personnages s'animent et s'émeuvent d'une façon inédite, loin des attitudes raides et conventionnelles peintes par ses prédécesseurs.
- À l'heure actuelle, il est encore difficile de se rendre compte de l'étendue de l'œuvre de Masaccio. En effet, sa production se confond parfois avec celle de Masolino, son collaborateur sur les fresques de la chapelle Brancacci. Il s'agit probablement là de son véritable chef-d'œuvre. Ces fresques inspireront d'ailleurs un grand nombre d'artistes, dont le célèbre Michel-Ange.

POUR ALLER PLUS LOIN

SOURCES BIBLIOGRAPHIQUES

- ARASSE (Daniel), *Histoires de peintures*, Paris, France-Culture, 2004.
- BERNARD (Edina), *Histoire de l'art du Moyen Âge à nos jours*, Paris, Larousse, 2006.
- BOISSET (Jean-François), *La Renaissance italienne*, Paris, Flammarion, 1982.
- BORSI (Stefano), *Masaccio*, Florence, Giunti, 2009.
- CARVALHO (Roberto), *Le Petit Livre du grand art. De la peinture occidentale de la préhistoire au post-impressionnisme*, Paris, Gründ, 2005.
- CASAZZA (Ornella), *Masaccio et la chapelle Brancacci*, Florence, Scala, 1990.
- GUILLAUD (Maurice), *Les Fresques de Masaccio à la chapelle Brancacci*, Paris, Guillaud éditions, 1992.
- LAFENESTRE (Georges), *La Peinture italienne, depuis les origines jusqu'à la fin du XVe siècle*, Paris, 1886.
- LONGHI (Roberto), *Masolino et Masaccio*, Aix-en-Provence, Pandora éditions, 1983.
- MIGNOT (Claude) et RABREAU (Daniel), *Temps modernes*, Paris, Flammarion, 1996.
- « Masaccio », sur http://www.nga.gov/content/ngaweb/Collection/artist-info.1688.html?artobj_artistId=1688&pageNumber=1, consulté le 08/08/2014.
- « Masaccio », sur http://www.larousse.fr/encyclopedie/personnage/Tommaso_di_Ser_Giovanni_dit_Masaccio/126639, consulté le 08/08/2014.
- « Chapelle Brancacci », sur http://www.universalis.fr/encyclopedie/fresques-de-la-chapelle-brancacci-masaccio/, consulté le 10/08/2014.

SOURCES ICONOGRAPHIQUES

- Masaccio, *Adam et Ève chassés du Paradis*, 1424-1425, fresque, 208 x 88 cm, Florence, Santa Maria del carmine, chapelle Brancacci. La photo reproduite est réputée libre de droits.
- Masaccio, *Desco da parto* ou *Tondo de Berlin*, 1424-1425, tempera sur bois, 56 cm de diamètre, Berlin, Gemäldegalerie. La photo reproduite est réputée libre de droits.
- Masaccio, *La Distribution de l'aumône et mort d'Ananias*, 1426-1427, fresque, 230 x 162 cm, Florence, Santa Maria del carmine, chapelle Brancacci. La photo reproduite est réputée libre de droits.
- Masaccio, *Le Trône de grâce* ou *La Trinité*, vers 1425-1428, fresque, 667 x 317 cm, Florence, Santa Maria Novella. La photo reproduite est réputée libre de droits.
- Masaccio, *Vierge à l'Enfant*, panneau central du *Polyptyque de Pise*, 1426, tempera sur bois, 136 × 73 cm, Londres, National Gallery. La photo reproduite est réputée libre de droits.

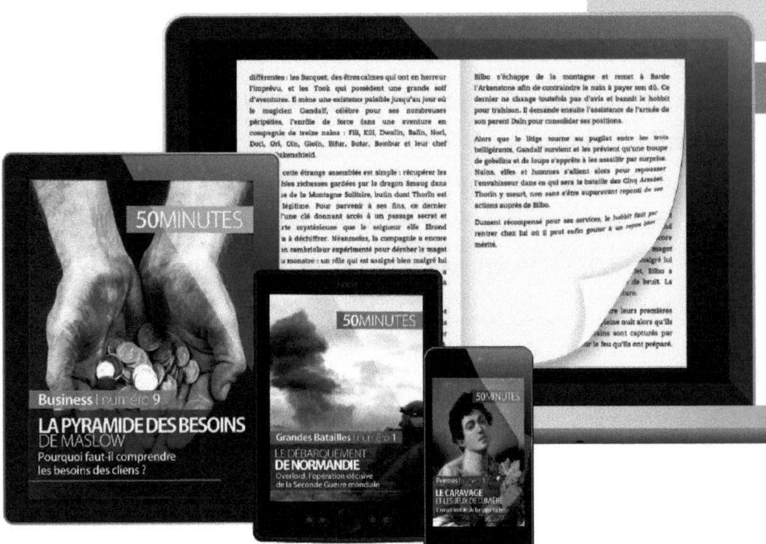

50MINUTES
Art
Business
Histoire

www.50minutes.com

Éditeur responsable : Lemaitre Publishing
Rue Lemaitre 4 | BE-5000 Namur
info@lemaitre-editions.com

ISBN ebook : 978-2-8062-5828-1
ISBN papier : 978-2-8062-5829-8
Dépôt légal : D/2014/12603-183
Photo de couverture : © *La Distribution de l'aumône et mort d'Ananias*, 1426-1427, par Masaccio (détail).

Conception numérique : Primento,
le partenaire numérique des éditeurs